Daniel

Sermones del Libro de Daniel

Por Josué I. Hernández

Daniel: Sermones del Libro de Daniel

Por Josué I. Hernández

Wayne Partain
1714 W. 25th Street
Odessa, TX 79763
partainwayne@gmail.com

Tabla de contenido

Introducción a la Profecía Bíblica	5
Introducción a Daniel	7
La Fe de un Quinceañero (1:1-21)	10
El Reino Que No Será Jamás Destruido (2:1-49)	12
Una Fe de Cara al Fuego (3:1-30)	14
"El Altísimo Tiene Domino Sobre El Reino de los Hombres" (4:1-37)	16
La Escritura en la Pared (5:1-31)	18
Mene, Mene, Tekel, Uparsin	22
Daniel en el Foso de los Leones (6:1-28)	24
La Visión de las Cuatro Bestias	26
La Visión del Carnero y el Macho Cabrío (8:1-27)	28
La Oración Penitencial de Daniel (9:1-19)	30
Y Me Hizo Entender (9:22)	32
Las Setenta Semanas (9:24-27)	34
La Visión del Tiempo del Fin (I) (10:1-11:1) Una Mirada a la Esfera de lo Espiritual	39
La Visión del Tiempo del Fin (II) (11:2-35)	42
La Visión del Tiempo del Fin (III) (11:36-12:13)	45

Introducción a la Profecía Bíblica

Objetivos:
- Aprender lo que es la profecía bíblica.
- Entender el valor de ella como evidencia del cristianismo.

Lo que no es la profecía bíblica
- Una conjetura, un pronóstico, un cálculo, una tendencia que se puede predecir con la estadística.
- Una generalización vaga.
- Un conjunto de predicciones, de las cuales algunas se cumplen.
- Muchas supuestas "profecías" han tenido estas características, pero estas no se deben confundir con las verdaderas profecías bíblicas.

Criterios de la verdadera profecía bíblica
- Esta más allá del alcance de la capacidad humana.
- Hay evidencia de que la profecía fue hecha antes de su cumplimiento.
- La predicción corresponde al evento que la cumple.
- La predicción tiene cumplimiento demostrable (cf. Deut. 18:9-22).

El profeta
Según su uso en la Biblia, el profeta es la boca de Jehová, el portavoz de Dios. El pronosticar eventos futuros fue un elemento secundario de la obra de los profetas.
- El sentido distintivo de la palabra hebrea "nabhi" (profeta), es ilustrada por los siguientes pasajes:
- Deuteronomio 18:9-22, "pondré mis palabras en su boca".

- Isaías 6:1-10
- Isaías 30:2. "No han preguntado de mi boca".
- Jeremías 1:6-9. "He puesto mis palabras en tu boca".
- Ezequiel 2:3,4. "Les dirás: Así ha dicho Jehová el Señor".
- Éxodo 7:1 y 4:16
- Números 23.

La palabra "nabhi" enfatiza la comunicación del mensaje. Dios hablaba a los hombres por medio de sus profetas, por ejemplo, señalándoles sus pecados y llamándoles al arrepentimiento, y también pronosticaba eventos futuros por medio de ellos. El aspecto de predecir el futuro tiene valor especial como evidencia del cristianismo.

Valor de la profecía bíblica
- Predicción del futuro. Dios ha hablado (Is. 44:6-8; Jn. 14:29; Hech. 3:18-24).
- Un testimonio que se fortalece.
- Mayor que el testimonio ocular de milagros ocurridos. La profecía sigue cumpliéndose ante nuestros ojos (2 Ped. 1:19-21, 16).

Conclusión
Un solo caso de profecía bíblica cumplida es suficiente para establecer una obra sobrenatural. Sin embargo, la Biblia tiene muchos. El enemigo de la Biblia tiene que silenciar todos los cañones de la profecía bíblica. Nosotros tenemos que disparar solamente uno.

Introducción a
Daniel

I. Daniel el hombre:

A. Su nombre.

1. Su nombre hebreo Daniel significa "Dios es Juez", o "Dios es mi Juez".

2. Su nombre fue cambiado en Babilonia a Beltsasar (1:7), nombre que significa "que Bel proteja al rey", o sencillamente "proteja su vida" (sobre el dios pagano, Bel, véase Dan. 4:8; Jer. 50:2; 51:44; Is. 46:1).

B. Su vida pasada y carrera.

1. Daniel era de familia real (1:3), un joven talentoso y bien educado (1:4).

2. Se cree que nació en el tiempo de las reformas del rey Josías (621 A.C.), y que murió cerca de los noventa años de edad. Según Josefo, Daniel y sus compañeros eran descendientes del rey Sedequías.

3. Llevado cautivo a Babilonia en el año 605 A.C., cuando Nabucodonosor derrotó a los egipcios en Carquemis, y luego unos meses después pasó a Jerusalén para llevar cautivos junto con el botín (unos ocho años antes del cautiverio de Ezequiel). En aquel tiempo Daniel tenía aproximadamente de 15 a 20 años. (2 Cron. 35:20-36:7; Jer. 46:2; 25:1-12; Dan. 9:1,2).

4. Vivió en Babilonia cuando menos hasta el tercer año de Ciro, rey persa, cerca del 536 A.C. (7:1; 8:1; 9:1; 10:1,2).

5. Después de tres años de entrenamiento (1:5; cf. 2 Rey. 20:17,18; Isa. 39:7) sirvió de consejero político de Nabucodonosor (1:1), de Belsasar (5:1), de Darío de Media (5:31), y de Ciro, rey de Persia (10:1).

6. Era estudiante de la palabra de Dios (9:1,2; cf. Jer. 25:11; 29:10).

7. Daniel (605-536 a. C.) sirvió en la ciudad de Babilonia, mientras que Jeremías (626-586 a. C.) sirvió en Jerusalén, y Ezequiel (592-570 a. C.) en el sudeste de Babilonia en el río Quebar (Ezeq. 1:1).

C. Su carácter.

1. Grande en sabiduría (1:17), integridad y cortesía (1:8,9,11, 13), y en oración (2:18; 6:10; 9:3; 10:12).

2. Compañero de reyes, un gran estadista y consejero, un gran líder y protector de su pueblo.

3. Humilde y modesto (2:28-30), de justicia y valor (1:8; Ezeq. 14:14,20), y de capacidad y autoridad (1:20; 2:48,49; 6:1-3) y considerado (2:49).

4. No sólo fue grande en la tierra, sino también en el cielo (9:23; 10:11,19).

5. Otras palabras que describen su carácter son: preeminencia (1:20), propósito (1:8), poder (2:48; 6:2), oración (6:10; 9:1), principio (6:23), e inocencia (6:22).

II. Daniel el libro:

A. El período de tiempo cubierto por el libro de Daniel se extiende de 605 A.C. al 165 A.C.

B. Pasaje clave: Daniel 4:34

C. Autor: Daniel (12:4).

D. Auditorio y ocasión:

1. Un auditorio gentil que recibiría advertencia de las palabras de Daniel (Cap. 2, 4, 5).

2. Un auditorio judaico que recibiría ánimo de las palabras de Daniel, sabiendo que Dios restauraría a Israel (2:44). Daniel demostró que la fe en Dios y el destierro no son dos cosas incompatibles.

E. Profecía apocalíptica. Daniel expresa muchas cosas usando de visiones, símbolos, predicciones respecto al pueblo de Dios en relación a las naciones de la tierra, y un estilo de prosa en lugar de poético. El libro Daniel puede ser comparado con los libros Ezequiel y Zacarías.

F. Lengua. El libro está escrito en dos lenguas. La parte de 2:4b hasta 7:28 está escrito en arameo, y el resto en hebreo. Se cree que cuando Daniel habla del pueblo de Dios y de su destino, escribió en hebreo; y que cuando habla de los grandes reinos mundiales, empleó el arameo.

G. El tema. Sin duda, el tema es que Dios rige las naciones de la tierra; los hombres reinan, pero Dios es soberano. Él pone y él quita líderes políticos según sus propósitos y planes. Al mismo tiempo todo lo controla para el bien último de su reino y del pueblo que lo compone. Dios guarda, revela, entrega y libra, y juzga porque es todopoderoso. Mientras que el orgullo de reyes terrenales conduce a su caída, hay esperanza de libertad para el pueblo oprimido de Dios. Antes de que llegara el reino del Mesías, otros tres imperios mundanales aparte del babilónico se levantarían.

H. Bosquejo: Daniel y sus reyes (Cap. 1-6), y Daniel y sus visiones (7-12).

I. El libro de Daniel para hoy.

1. En un sentido, los cristianos somos "exiliados" (Fil. 3:20; 1 Ped. 1:17; 2:11,12). "El mundo no es mi hogar". El libro Daniel nos enseña cómo los exiliados deben portarse en un mundo hostil: a no ser intimidados por las amenazas del mundo (3:16-18); a no ser influidos por ofertas mundanales (5:17), y a no ser infectados por las religiones paganas (6:1-10).

2. Daniel y sus compañeros se hallaron situaciones difíciles: En una sociedad pagana, en la corte de un emperador poderoso, en un horno de fuego, y en un foso de leones.

3. Dios está presente para su pueblo en tiempo de necesidad desesperada. Estuvo presente para los exiliados en Egipto (Ex. 3:7,8), para los exiliados en Babilonia, y para los exiliados de hoy.

4. Podemos saber algunas cosas con respecto al fin del tiempo, aunque no nos toca saberlas todas. ¿Necesitamos saber más? ¿Qué clase de personas somos con lo que sí sabemos (2 Ped. 3:11-15)?

La Fe de un Quinceañero

Daniel 1:1-21

Introducción

A. La Biblia está llena de ejemplos de convicción y fe, dignos de nuestro estudio y emulación.

B. Consideraremos el ejemplo inspirador de Daniel, quien mantuvo la firme disposición de no contaminarse (cf. Rom. 15:4).

II. LA FE DE UN QUINCEAÑERO

A. Sobrevino la prueba: La primera etapa de la deportación (Dan. 1:1,2)

    1. La primera de las tres veces que Nabucodonosor fue contra Jerusalén (605, 597, 586, A.C.).

    2. La providencia de Dios. Él rige lo reinos de los hombres (Dan. 4:24).

B. Daniel fue uno de los seleccionados (Dan. 1:3-7).

    1. Siete cualidades se exigieron: *"muchachos en quienes no hubiese tacha alguna, de buen parecer, enseñados en toda sabiduría, sabios en ciencia y de buen entendimiento, e idóneos para estar en el palacio del rey; y que les enseñase las letras y la lengua de los caldeos"* (1:4).

    2. Manjares diarios de la mesa del rey.

    3. Ingresado en un programa especial de tres años.

    4. Rebautizado en honor de los dioses babilonios.

C. ¿Cómo reaccionará Daniel? ¿Se rendirá a las tentaciones? ¿Cómo reaccionaría usted si estuviese en su lugar?

D. Daniel se dispuso a no pecar contra Dios: La clave del éxito espiritual (Dan. 1:8).

    1. Se comprometió por fe (cf. Rom. 10:17; 2 Cor. 5:7; Heb. 11:1, 6).

2. Muchos de estos alimentos eran impuros según las restricciones de la ley mosaica, y provenían de sacrificios idolátricos (cf. 1 Cor. 10:20-22).

E. ¿Cómo se mantuvo Daniel firme en su disposición (Dan. 1:8-21)?

1. Actuó con respeto, cortesía y franqueza ("pidió", "Te ruego"; Dan. 1:8,12).
2. Dios allanó el camino (Dan. 1:9; cf. Gen. 39:21).
3. Fue persistente (Dan. 1:10-15).
4. Creyó que el camino de Dios era el correcto (Sal. 119:9,11).
5. Dios bendijo su disposición (Dan. 1:16-17).
6. El resultado significó mayores responsabilidades y bendiciones (Dan. 1:17-20; 2:48).
7. Daniel continuó en la corte de Babilonia por setenta años. Ciro comenzó a reinar el 539 (cf. Is. 44:24-28; Esd. 1:1-4).

II. ¿Cómo aplicar a nosotros el ejemplo de Daniel?

A. Disponga su corazón (cf. Hech. 11:23; 2 Cor. 9:7; 2 Tim. 3:10).
B. Sea cortés pero franco (cf. Prov. 15:1).
C. Confíe en Dios (cf. Sal. 127:1,2).
D. Espere en el Señor (cf. Mal. 3:10; Mat. 6:33).
E. Sea persistente (cf. Mat. 7:7,8).
F. Busque la salida (cf. 1 Cor. 10:13).

Conclusión

A. ¿Qué será de nosotros? ¿Tendremos la fe de Daniel?
B. Debemos hacer un compromiso personal con el Señor.
C. Debemos mantenernos firmes en nuestro compromiso.
D. Debemos confiar y esperar en el Señor.
E. Dios bendecirá la persistencia de aquellos que ponen su confianza en él.

El Reino Que No Será Jamás Destruido
Daniel 2:1-49

Introducción

A. En Daniel 2 leemos sobre un sueño que tuvo Nabucodonosor y la interpretación de aquel sueño por medio de Daniel.

B. Hay dos ideas fundamentales en este capítulo.
   1. Dios revela los misterios (Dan. 2:19,22,28,29,47) y puede dar a conocer lo que sucederá (Dan. 2:28,29).
   2. Dios mismo establecería un reino que no sería jamás destruido (2:44).

C. Varias preguntas vienen a la mente: ¿Cuándo? ¿Cómo? ¿Dónde? ¿Podemos participar de este reino? ¿Cuál es el futuro de este reino?

La preparación del reino indestructible

A. En los días de estos reyes (Dan. 2:44).

B. Con Babilonia como punto de partida, el cuarto reino sería Roma.

C. Cuando el tiempo se había cumplido:
   1. Juan el Bautista dijo que el reino se había acercado (Mat. 3:1, 2).
   2. Cristo dijo que el tiempo se había cumplido (Mar. 1:14,15).

El establecimiento del reino indestructible

A. Juan el bautista y Jesús dijeron que el reino estaba cerca (Mat. 3:1,2; 4:17; 6:10).

B. El reino vendría en esa generación (Mar. 9:1).

C. Cuando murió Jesús el reino aún no existía (Luc. 23:50,51).

D. Después de su ascensión a los cielos, Cristo:
   1. Se sentó a la diestra de Dios (Mar. 16:19).

   2. Fue hecho soberano (Apoc. 1:5).

   3. Gobierna a las naciones (Apoc. 2:26,27).

   4. Gobierna sobre todo (Ef. 1:20,21; 1 Ped. 3:22).

E. Esto apoya lo que dijo Daniel (Dan. 7:13,14)

   1. Daniel describe la ascensión de Cristo desde una perspectiva celestial.

   2. Lucas la describe su ascensión desde la perspectiva terrenal (Hech. 1:9).

La naturaleza del reino indestructible

A. No es un reino común (Dan. 2:34,35).

B. No es un reino de este mundo (Jn. 18:36; Rom. 14:17).

C. Este reino es la iglesia (Col. 1:12,13; 1 Tes. 2:12; Apoc. 1:6,9; Heb. 12:28).

El futuro del reino indestructible

A. Eterno (Dan. 2:44).

B. Inconmovible (Heb. 12:28).

C. No tendrá fin (Luc. 1:31-33).

Conclusión

A. *"Pero cada uno en su debido orden: Cristo, las primicias; luego los que son de Cristo, en su venida. Luego el fin, cuando entregue el reino al Dios y Padre, cuando haya suprimido todo dominio, toda autoridad y potencia. Porque preciso es que él reine hasta que haya puesto a todos sus enemigos debajo de sus pies. Y el postrer enemigo que será destruido es la muerte"* (1 Cor. 15:23-26).

B. Dios requiere el nuevo nacimiento para entrar a éste reino (Jn. 1:10-13; 3:3,5).

Una Fe de Cara
al Fuego
Daniel 3:1-30

Introducción
A. Sadrac, Mesac y Abed-nego son ejemplos de fe (Heb. 11:1,2), y Dios se agradó de ellos (Heb. 11:6).
B. Compartiendo una deportación (Dan. 1:1,2) y entrenamiento con Daniel (Dan. 1:3-7).
C. Responsabilizados y bendecidos en gran manera (Dan. 1:17-21).

I. Su prueba
A. La obligatoria religión del Gobierno (Dan. 3:1-7).
B. La acusación y el juicio (Dan. 3:8-18).
C. También seremos probados (1 Cor. 10:13).

II. Su testimonio
A. Fe en el poder de Dios (Dan. 3:17).
B. Fe en la voluntad de Dios (Dan. 3:18).
C. Sentencia y ejecución (Dan. 3:19-23).
D. ¿Qué tal nuestro testimonio (Luc. 9:23-26)?

III. Su triunfo
A. Salvos en el propio elemento diseñado para su destrucción (Dan. 3:23,24).
B. Un sentido verdadero de lo que es la libertad (Dan. 3:25).
C. Una nueva percepción de la comunión con Dios (Dan. 3:25,28).
D. Un efecto positivo en otros (Dan. 3:15,28,29).
E. Nuevas oportunidades para servir a Dios (Dan. 3:30).
F. Así será con los fieles (Sal. 91:11,12; Heb. 1:14; Sant. 1:2-4; 5:7,8,10,11).

Conclusión

A. La fe no es:

    A. Un extintor, que se usa sólo en caso de emergencia.

    B. Una carretilla, que debemos levantar y empujar.

    C. Un autobús, al que subiremos si es que va en la dirección que queremos.

B. *"Es, pues, la fe la certeza de lo que se espera, la convicción de lo que no se ve. Porque por ella alcanzaron buen testimonio los antiguos"* (Heb. 11:1,2).

C. *"En lo cual vosotros os alegráis, aunque ahora por un poco de tiempo, si es necesario, tengáis que ser afligidos en diversas pruebas, para que sometida a prueba vuestra fe, mucho más preciosa que el oro, el cual aunque perecedero se prueba con fuego, sea hallada en alabanza, gloria y honra cuando sea manifestado Jesucristo, a quien amáis sin haberle visto, en quien creyendo, aunque ahora no lo veáis, os alegráis con gozo inefable y glorioso; obteniendo el fin de vuestra fe, que es la salvación de vuestras almas"* (1 Ped. 1:6-9).

"El Altísimo Tiene Domino Sobre El Reino de los Hombres"
Daniel 4:1-37

Introducción
A. Nabucodonosor fue progresando en su aprendizaje
   1. Entendió que Dios revela los misterios (Dan. 2).
   2. Entendió que Dios puede salvar a sus escogidos (Dan. 3).
   3. Comprendió que Jehová es el Altísimo (Dan. 4).
B. Jehová Dios
   1. Revela los misterios, es el Dios de la Historia, establecería un reino (Dan. 2).
   2. Es el Dios vivo y verdadero (Dan. 3).
   3. Es el Altísimo Gobernante que humilla a los soberbios (Dan. 4).

El sueño y sus consecuencias (Dan. 4)
A. El sueño (Dan. 4:1-18).
   1. El prólogo (4:1-3)
   2. El espanto de Nabucodonosor (4:4,5).
   3. El fracaso de los sabios (4:6,7).
   4. La confianza en Daniel (4:8,9,18).
   5. El sueño (4:10-17).
B. La interpretación del sueño (Dan. 4:19-27)
   1. El asombro de Daniel (4:19).
   2. El significado de los elementos de sueño (4:20-26).
   3. El consejo de Daniel (4:27)
C. El cumplimiento del sueño (4:28-33)
   1. Luego de doce meses (4:28,29).
   2. El alarde de Nabucodonosor (4:30).
   3. El juicio de Dios por su orgullo (4:31-33)

D. El arrepentimiento de Nabucodonosor (4:34-37)
   1. Su conversión (4:34)
   2. Su comprensión (4:34,35)
   3. Su restauración (4:36).
   4. Su alabanza (Dan. 4:37).

Aplicaciones
A. No somos señores de nuestra vida (Jer. 10:23).
B. El orgullo y la soberbia están antes de la destrucción (Prov. 16:18).
C. Dios es misericordioso.
D. Si no nos humillamos, Dios nos humillará.
E. Dios exalta a los humildes.
F. Debemos levantar los ojos a los cielos para comprender nuestra verdadera posición.
G. La verdadera libertad viene por la sumisión al gobierno de Dios.

Cristo tiene dominio sobre el reino de los hombres
A. Es el soberano del Universo (Mat. 28:18; Ef. 1:20-22; 1 Ped. 3:22; Apoc. 1:5; 19:6).
B. Como fue profetizado (Sal. 2; 110)
C. Como lo ha demostrado.
   1. En la destrucción de Jerusalén (Luc. 21:20-24; Mat. 26:63,64).
   2. En la destrucción de la Roma imperial (Apoc. 17:14).

Conclusión
A. Debemos humillarnos (1 Ped. 5:6; cf. 1 Cor. 15:24-26).
B. Podemos vivir seguros si le damos a Jesús el gobierno de nuestra vida.

La Escritura
en la Pared
Daniel 5:1-31

Introducción

A. Consideraciones importantes:

    1. Han pasado 66 años desde la deportación de Daniel (Dan. 1:1-6). Ahora, él tiene como mínimo unos 80 años.

    2. Cronología de los reyes de Babilonia:

        a. El primer rey de Babilonia, Nabopolosar, comenzó a reinar en el año 625, y murió en 605 A.C.

        b. Nabucodonosor reinó desde el 605 al 562.

        c. El hijo de Nabucodonosor, Amel-Merodac (nombre babilonio), o Evil-Merodac (nombre hebreo), reinó dos o tres años, desde el 562 al 560, y fue asesinado por Neriglisar.

        d. Evil-Merodac es quien sacó de la prisión al rey de Judá, Joaquín, y le elevó a una posición de honor (2 Rey. 25:27-30; cf. Jer. 52:31-34).

        e. Neriglisar, yerno de Nabucodonosor, tomó el trono en el año 560 y reinó hasta el año 556.

        f. A los pocos meses de ascender al trono, el hijo de Neriglisar, Labassi-Merodac fue muerto.

        g. Nabónido ascendió al trono en el año 556. Éste fue el padre de Belsasar. Nabónido se retiró a Tema en Arabia, designando a su hijo como corregente.

        h. Ciro el persa (por medio de un general suyo) tomó la ciudad de Babilonia en el año 539, sin encontrar resistencia. Belsasar fue muerto, y Darío, en el nombre de Ciro, tomó el trono.

B. El orden cronológico de Daniel, luego el capítulo 4, es: 7, 8, 5 y 6.

C. Hemos visto en el libro de Daniel:
1. La fe de un quinceañero (cap. 1).
2. El reino que no será jamás destruído (cap. 2).
3. Una fe de cara al fuego (cap. 3).
4. El Altísimo tiene dominio sobre el reino de los hombres (cap. 4).

Tragos, idolatría y profanación (Dan. 5:1-4).
A. Con el gusto del vino…
1. Movido por lo que sentía, viviendo el momento.
2. Pecó en idolatría y profanación.
B. Así también hoy:
1. Los profanos no miran al futuro, y actúan por lo que sienten.
2. ¿Es la vida disipada una buena preparación para la crisis?
3. La idolatría moderna (Mat. 6:24; Ef. 5:5; Col. 3:5).

Pánico y crisis (Dan. 5:5-9).
A. La reacción del rey
1. Si se aterrorizó con ver los dedos de una mano, ¿cuál será su reacción al ver el rostro del Señor (Apoc. 20:11-15)?
2. Luego del jolgorio, el terror de la crisis.
3. Los consejeros fueron ineptos que fracasaron.
B. Así también hoy:
1. La verdad ha sido revelada para todos en las Escrituras.
2. Los que "viven la buena vida" se hunden en la crisis.
3. ¿Cuál será nuestra reacción en el día final (Luc. 21:34-38)?
4. Malos consejeros son solicitados.

La llegada de Daniel (Dan. 5:10-16).
A. Los "expertos" no pudieron ayudar.
B. Un hombre innecesario llegó a ser el más buscado.
C. Así también hoy:
1. Los "expertos" no pueden reemplazar la verdad de Dios.
2. La verdad está cerca, pero hay que buscarla.

La denuncia de Daniel (Dan. 5:17-23).

A. Expuso la verdad gratuitamente.

B. Contó una lección de la historia (5:18-21).

   1. Los que ignoran la historia están condenados a repetirla (Rom. 15:4).

   2. Hay que aprender de otros.

C. Reprendió al rey:

   1. *"no has humillado tu corazón, sabiendo todo esto"* (5:22).

   2. *"contra el Señor del cielo te has ensoberbecido, e hiciste traer delante de ti los vasos de su casa, y tú y tus grandes, tus mujeres y tus concubinas, bebisteis vino en ellos"* (5:23).

   3. *"diste alabanza a dioses de plata y oro, de bronce, de hierro, de madera y de piedra, que ni ven, ni oyen, ni saben"* (5:23).

   4. *"y al Dios en cuya mano está tu vida, y cuyos son todos tus caminos, nunca honraste"* (5:23).

El juicio de Dios (Dan. 5:24-31).

A. MENE, MENE, TEKEL, UPARSIN: Literalmente traducida, la frase significa: "contado, contado (o, numerado), pesado, y divisiones".

B. ¡Cuán fácilmente puede caer hasta el más poderoso (Prov. 16:18)!

C. El rey cumplió su palabra y otorgó "la tercera parte de nada".

D. Jactándose una noche y al otro día muerto (Luc. 12:15-21).

E. Heródoto y Jenofonte confirman a Daniel en cuanto a lo repentino del acontecimiento. Ciro desvió el río Eufrates a un canal nuevo, y guiado por dos desertores, marchando por el lecho seco penetró a la ciudad, mientras los babilonios estaban embriagándose en su fiesta anual a los dioses.

Conclusión

A. Debido al uso profano de lo que es sagrado, un reino fue destruido. Nosotros somos el templo de Dios (1 Cor. 3:16,17).

B. Debemos:

   1. Actuar por lo que sabemos, no por lo que sentimos.

   2. Cuidarnos de los ídolos de la actualidad.

   3. Buscar buenos consejeros. La verdad está a la mano.

   4. Aprender de otros para no repetir los errores de la historia.

    5.   Humillarnos bajo la mano del Señor.

C. Recordemos:

    1.   *"Antes del quebrantamiento es la soberbia, y antes de la caída la altivez de espíritu"* (Prov. 16:18).

    2.   *"No os engañéis; Dios no puede ser burlado: pues todo lo que el hombre sembrare, eso también segará"* (Gal. 6:7).

    3.   *"Porque es necesario que todos nosotros comparezcamos ante el tribunal de Cristo, para que cada uno reciba según lo que haya hecho mientras estaba en el cuerpo, sea bueno o sea malo"* (2 Cor. 5:10).

Mene, Mene,
Tekel, Uparsin

Introducción

A. Esta fue la escritura que señaló el juicio de Dios sobre Belsasar y su reino, "MENE, MENE, TEKEL, UPARSIN" (Dan. 5:24-28).

1. La palabra "mene" (arameo) es tomada del participio significando "numerado". Su repetición produce el sentido de "completamente numerado".

2. La palabra "tekel" (arameo) significa "pesado."

3. La palabra "uparsin" (arameo) es de la forma plural del participio del verbo paras, "dividir" o "partir", así puede significar "y dividido"

B. Belsasar y su reino fueron numerados para destrucción. El mismo rey fue pesado y hallado falto del peso adecuado en la balanza de Dios.

C. Pero, ¿qué aplicación podemos sacar para nosotros?

MENE: Contó Dios tu reino, y le ha puesto fin

A. En el cálculo de Dios, el tiempo del reinado de Belsasar ha llegado al límite. Este es el último día de vida para Belsasar (Is. 13; Jer. 27:5-7; 50:41-46; Dan. 2:21; Hech. 17:26).

B. Dios "cuenta", numera, o pone límite, al hombre (Jer. 10:23).

C. Como en el caso de Belsasar, así con nosotros: cuando Dios diga, "hasta aquí", entonces nuestra vida terminará (Job 12:10; Luc. 12:20).

D. No damos un paso sin que lo sepa Dios (Job 31:4).

1. Dios lo sabe y registra el proceder del hombre (2 Cron. 16:9; Sal. 139:3; Prov. 5:21; 15:3; 20:24; 2 Cor. 5:10; Heb. 4:13).

2. Cada cual decide lo que recibirá del Señor (Ef. 6:8; Heb. 6:10). El hombre no escoge las consecuencias de sus hechos,

esto lo hace Dios (Gal. 6:7). El hombre si puede escoger que hacer para recibir "gloria y honra e inmortalidad" (Rom. 2:7).

3. Estamos limitados en tiempo de vida (Sal. 90:12)

TEKEL: Pesado has sido en balanza, y fuiste hallado falto

A. El hombre tiene que conformarse a la norma de Dios (1 Sam. 2:3; Job 31:6; Sal. 62:9; Prov. 16:2).

B. La violación de la norma de Dios es pecado (1 Jn. 3:4; 5:17; Sant. 4:17).

C. Belsasar ha sido pesado y hallado falto en su responsabilidad en el uso de los dones de Dios.

PERES: Tu reino ha sido roto, y dado a los medos y a los persas

A. La "u" de "uparsin" significa "y". "Parsin" es el plural de "perses", y significa "quebrar" o "dividir".

B. Daniel menciona primero a los medos y luego a los persas.

1. Babilonia fue tomada por Ciro, el persa.

2. Darío, el medo fue nombrado gobernador del país (Dan. 5:30).

3. La alianza entre los dos pueblos, Media y Persia, formó el segundo de los cuatro imperios mundiales revelado en Daniel 2:39.

4. Luego, el poder pasó permanentemente a los persas.

Conclusión

A. Dios ha contado, o limitado, nuestra vida.

B. Debemos conformarnos a la norma de Dios

C. Daremos cuenta del uso de nuestros dones.

Daniel en el Foso de los Leones
Daniel 6:1-28

Introducción
A. Cuando era joven Daniel propuso su corazón delante de Dios (Dan. 1:8).
B. Ahora, aún viejo (80 años), mantiene su disposición.
C. Un ejemplo para todos:
   1. Los jóvenes pueden cobrar ánimo.
   2. Los viejos hayan aquí una fuente de exhortación continua.

La trampa preparada (Dan. 6:1-9)
A. La prosperidad de Daniel (v.1-3).
B. La envidia de los enemigos (v.4).
C. El carácter poderoso de Daniel (v.4,5).
D. La conspiración contra Daniel (v.5).
E. La debilidad de carácter del rey (v.6,9).
   Otros ejemplos de lo mismo: Herodes (Mar. 6:19-28); Pilato (Mat. 27:24); Agripa (Hech. 26:28-32). Un justo puede ser sacrificado, pero el orgullo, no.

La trampa colocada (Dan. 6:10-17)
A. El edicto propuesto (v.7,8).
B. El edicto promulgado (v.9).
C. Reacciones:
   1. La reacción de Daniel: Convicción (v.10).
      Inflexible en su convicción. No piensa en consecuencias, sino en agradar a Dios (Hech. 5:29; 4:19).
   2. La reacción de los enemigos: Conveniencia (v.11-13).
   3. La reacción del rey (v.14-18).

La trampa frustrada (Dan. 6:18-28).

A.   El remordimiento del rey (v.18).

B.   ¿Cómo habrán dormido los enemigos de Daniel aquella noche?

C.   La esperanza del rey:
   1.   La carrera (v.19)
   2.   La pregunta (v.20).
   3.   La respuesta (v.21,22)

D.   La reacción del rey:
   1.   Su gozo (v.23).
   2.   Su juicio (v.24; Gal. 6:7).
   3.   Su carta (v.25-27).

E.   La prosperidad de Daniel (v.28).

F.   El reino de Dios domina sobre el reino de los hombres:
   1.   Obra salvación, castigo, gloria a su nombre y bendiciones a su siervo.
   2.   La obra de los hombres será prosperada sólo si es agradable a Dios.

Conclusión

A.   Las cualidades de este viejo hombre de Dios:
   1.   Un espíritu superior (6:3).
   2.   Sin falta en sus tratos de negocios (6:4).
   3.   Fiel a sus jefes (6:4)
   4.   Entregado a la oración y al servicio a Dios (6:10,20).
   5.   Dispuesto a obedecer a Dios antes que a los hombres (6:10).
   6.   En otras palabras, confiaba "en su Dios" (6:23).

B.   ¿Qué tal nuestra fe (Hech. 5:29; Mat. 6:33)?

La Visión de las
Cuatro Bestias
Daniel 7

Introducción
A. El libro de Daniel se divide naturalmente en dos partes:
   1. Desde el punto de vista de Dios:
      a. La providencia de Dios en la historia (caps. 1-6).
      b. El propósito de Dios en la historia (caps. 7-12).
   2. Desde el punto de vista de Daniel:
      a. Daniel y sus reyes (caps. 1-6).
      b. Daniel y sus visiones (caps. 7-12).
   3. "La primera sección de este libro (Cap. 1 al 6), de naturaleza histórica, se dirige a los gobernadores paganos de aquel tiempo. La segunda (Cap. 7 al 12), de naturaleza profética, se dirige al pueblo exiliado de Dios para que su esperanza se base en las promesas de Dios concernientes al reino del Mesías" (Bill H. Reeves, Notas sobre Daniel).
B. La segunda parte del libro contiene cuatro visiones
   1. Las cuatro bestias (cap. 7).
   2. El carnero y el macho cabrío (cap. 8).
   3. Las setenta semanas (cap. 9).
   4. Visión del fin (caps. 10-12).

La visión descrita (Dan. 7:1-14).
A. Fecha (Dan. 7:1; 550 A.C.).
B. Detalles de la visión (cf. Dan. 2).
   1. Primera parte: Cuatro bestias (7:2-8).
   2. Segunda parte: Un juicio impresionante (7:9-12).
   3. Tercera parte: La coronación del hijo del hombre (7:13,14; cf. Hech. 1:9-11; Luc. 19:12; Mat. 25:14).

La visión interpretada (Dan. 7:15-28).
A. El efecto en Daniel (7:15).
B. La explicación a Daniel.
   1. Un resumen breve (7:16-18).
   2. El deseo de Daniel por saber más detalles (7:19,20).
   3. Lo que vio Daniel (7:21,22).
   4. Lo que oyó Daniel (7:23-27).

Conclusión
A. El epílogo de Daniel (7:28).
   1. Su turbación y el cambio en su semblanza.
   2. Guardó el asunto en su corazón
      Una práctica digna de emular cuando no estamos seguros del sentido de algún versículo de la Biblia, especialmente con las profecías.
   3. *"Desde 2:4 hasta este versículo el texto del libro de Daniel va en la lengua aramea. Desde aquí, hasta el final del libro, se emplea la lengua hebrea"* (Bill H. Reeves, Notas sobre Daniel).
B. Daniel capítulo 7
   1. Expone en mayor detalle la visión del capítulo 2.
   2. Introduce el conflicto desarrollado en Apocalipsis 13-20.

La Visión del Carnero
y el Macho Cabrío
Daniel 8:1-27

Introducción

A. En los capítulos anteriores vimos dos visiones describiendo a cuatro reinos.
   1. La visión de Nabucodonosor (Dan. 2).
   2. La visión de Daniel (Dan. 7).
   3. Estos reinos eran, Babilonia, Medo-Persia, Grecia, y Roma.
B. En Daniel capítulo 8, vemos otra visión semejante:
   1. Conocida como la visión del carnero y del macho cabrío.
   2. Aquí se describen dos reinos.
   3. Estos reinos son dos de los 4 reinos antes citados. Pero, tal como la visión del capítulo 7 detalló más información sobre el cuarto reino, ahora la visión de Daniel capítulo 8 nos da más información sobre el segundo y tercer reino.

La visión descrita (8:1-14)

A. Fecha (8:1; 552 A.C.).
B. Detalles de la visión:
   1. Daniel estaba en Susa (v.2).
   2. Un carnero con dos cuernos irregulares (v.3,4).
   3. Un macho cabrío con un cuerno notable (v.5).
   4. El macho cabrío derrotó al carnero (v.6,7).
   5. El macho cabrío se hizo poderoso, pero su gran cuerno fue quebrado y reemplazado por cuatro cuernos notables (v.8).
   6. Un cuerno pequeño salió de uno de los cuatro cuernos, y se alzó con gran poder (v.9-12).
   7. Se oyó la conversación entre dos santos (v.13,14).

La visión interpretada (8:15-27)

A. Gabriel es asignado para interpretar la visión:
1. Daniel procura dar con el significado (v.15,16).
2. Gabriel habla a Daniel (v.17-19).
B. Gabriel explica la visión:
1. El carnero de dos cuernos: Los reyes de Media y de Persia (v.20).
2. El poderoso macho cabrío con un cuerno: Grecia y Alejandro Magno (v.21).
3. El cuerno roto y los cuatro cuernos que lo reemplazaron: Cuatro reinos se levantarán del imperio de Alejandro (v.22).
4. El cuerno pequeño que se engrandeció: Antíoco Epífanes (v.23-25)
5. Las tardes y mañanas. Cumplida 400 años después (v.26).
C. El efecto en Daniel (v.27)
1. Se desvaneció y estuvo convaleciente.
2. Su asombro permaneció.

Conclusión

A. Esta visión es fácil en comparación con las visiones antes presentadas en el libro, debido a la explicación detallada que el mismo pasaje nos provee.
B. El propósito de la visión, fue preparar al pueblo judío para el porvenir que se avecinaba.
C. Sin embargo, también hay un propósito para nosotros (cf. Rom. 15:4; 1 Cor. 10:11).
D. La notable exactitud de esta visión ha llevado a algunos a asumir que la fecha de composición del libro de Daniel es posterior a los acontecimientos descritos en el libro. Sin embargo, su precisión no ocasiona problema alguno para aquellos que aceptan la inspiración de las Escrituras. Esto debe recordarnos el poder de Dios para cumplir su Palabra (cf. Is. 46:9-11).

La Oración Penitencial
de Daniel
Daniel 9:1-19

Introducción

A. Hemos llegado a un capítulo notable en el libro Daniel, y nos encontramos con:
   1. Una hermosa oración (9:1-19).
   2. Una sorprendente revelación (9:20-27).
B. La oración penitencial de Daniel.
   1. Nos ofrece un bello ejemplo de cómo confesar el pecado en la búsqueda del divino perdón (cf. Lev. 5:5; Num. 5:6,7; 1 Jn. 1:9).
   2. Similar a la oración de David en el Salmo 51.

I. Introducción a la oración

A. La fecha de la oración (9:1; 538 A.C.)
B. La razón de la oración
   1. La profecía de Jeremías (9:2; cf. Jer. 25:9-12; 29:10) debía cumplirse (2 Cron. 36:21-23; Esd. 1:1-4).
   2. Los 70 años de cautiverio comenzaron el año 606 A.C., con la primera deportación (2 Cron. 36:5-7; Dan. 1:1-6).
C. La preparación para la oración
   1. Su rostro hacia el Señor (9:3).
   2. Tal vez, dirigiéndose hacia Jerusalén (cf. Dan. 6:10,11).
   3. Acciones físicas de humillación (cf. Neh. 9:1,2; Jon. 3:5-10)

II. La oración

A. Confesión de Daniel
   1. Dirigiéndose a Dios (9:4; cf. Ex. 34:6,7; Sal. 103:17,18).
   2. Confesando a favor de su pueblo (9:5,6; cf. 2 Cron. 36:15-21).

3. Contrastando su confusión con la justicia de Dios (9:7-9; cf. Esd. 9:6-9).
4. Especificando el pecado y las advertencias de Dios (9:10-14; cf. Neh. 9:13-30; Lev. 26:14-39; Deut. 28:15-68).
5. La merced divina y el resumen de su pecado (9:15).
B. Petición ferviente de Daniel, para que:
1. Dios aplaque su ira (9:16).
2. Oiga su oración y ruego (9:17).
3. Haga resplandecer su rostro sobre su santuario desolado (9:17).
4. Incline su oído, abra sus ojos (9:18).
5. Oiga, perdone, y no demore (9:19)
C. La motivación de la oración:
1. La justicia y propósitos de Dios.
2. La misericordia de Dios.
3. Por amor de su nombre.

Conclusión

A. Esta oración es un ejemplo clásico de como confesar nuestros pecados y buscar el perdón de Dios (cf. Sal. 51; Hech. 8:22; 1 Jn. 1:9).
B. El carácter noble de Daniel se nota en su identificación con el pueblo de Dios.
C. ¿Estamos confiando en el amor y la misericordia de Dios para el perdón de nuestros pecados, o en nuestra propia justicia?

Y Me Hizo
Entender
Daniel 9:22

Introducción

A. Si preguntáramos "¿Qué bendición de Dios le gustaría tener ahora mismo?", las respuestas serían sumamente variadas.
  1. Lo que busca el mundo gira en torno a los placeres y las posesiones.
  2. Aún mencionando a Dios en la pregunta, la respuesta general apuntaría a cosas terrenales.
B. Sin embargo, ¿considera usted que el entendimiento es una bendición de Dios y un bien precioso?
  1. Afecta la conducta.
  2. Dos personas, con los mismos datos, pueden proceder diferente.
  3. La información no hace la diferencia, sino la comprensión objetiva de ella.
C. Definiciones:
  1. **Saber:** "Conocer una ciencia, arte, etc. Tener conocimientos o habilidad para hacer algo: saber inglés, saber nadar, saber defenderse" (Larousse).
  2. **Entender:** "Percibir por medio de la inteligencia el sentido o significado de algo: entender un problema. Percibir las causas o motivos de algo: entender el porqué de un hecho. Poder enterarse de lo que se dice en un idioma extranjero: entender el inglés. Percibir claramente lo que se oye: entender una conversación" (Larousse). "Tener idea clara de las cosas. Saber con perfección algo. Conocer, penetrar" (RAE).
  3. ILUSTRACIÓN: If I will say "do you understand me?", really do you will understand? No, because you don't understand English.

D. Necesitamos entender la verdad (Jn. 8:32; 17:17; Ef. 1:13).
No hay comprensión más necesaria.

Entendimiento, una gran bendición
A. Muchos no saben, no entienden (Sal. 32:9; 73:22; 82:5; Is. 44:18).
    1. Por su propia responsabilidad (Ef. 4:18).
    2. No entendían lo de los panes (Mar. 6:52).
    3. No razonaban bien usando sus facultades (8:15-21).
B. Muchos no entienden lo que leen (Hech. 8:30,31,35)
    1. La exposición del mensaje hace la diferencia (Sal. 119:130; Prov. 6:23).
    2. No hablamos por el Espíritu, necesitamos prepararnos (Mat. 10:19,20; Mar. 13:11).

        NO PENSAR = No pensar de antemano, practicando, organizando el discurso.

        NO PREOCUPARSE = No ser solícitos, cuidadosos, interesados

        COMO = La forma del discurso (estilo, dicción, arreglo).

        QUE = El tema (pensamientos, hechos).

C. El gozo de entender la palabra de Dios (Neh. 8:7,8,12).
    1. Podemos entender (Ef. 3:4).
    2. Dios manda que entendamos (Ef. 5:17).
D. Dios ofrece lo que más necesitamos: el entendimiento (Ef. 1:18; 3:18; 2 Tim. 2:7).

Conclusión
A. La satisfacción más grande: entender al autor de la Biblia (Jer. 9:23,24)
B. *"Y esta es la vida eterna: que te conozcan a ti, el único Dios verdadero, y a Jesucristo, a quien has enviado"* (Jn. 17:3).

Las Setenta
Semanas
Daniel 9:24-27

Introducción

A. El estudio de este texto es necesario no solamente para entender la voluntad de Dios, sino también para combatir el milenarismo.

   1. Milenarismo es la doctrina que sostiene que Cristo reaparecerá sobre la Tierra para reinar en la "Nueva Jerusalén" con sus santos por un período de mil años antes del juicio final.

   2. Los que afirman estas cosas hablan mucho de dispensaciones. Estas no son las que la Biblia claramente revela (patriarcal, mosaica y cristiana), sino las que son invenciones de ellos.

B. Basándose en este texto los materialistas enseñan que la "dispensación" o "época de la iglesia" es un paréntesis en el programa profético de Dios.

   1. Para los tales la iglesia no es en sentido alguno el reino del Mesías.

   2. Según esta teoría la iglesia no estaba en los planes originales de Dios, sino que era algo incidental que se estableció cuando los judíos rechazaron a Cristo. Creen que la iglesia es un substituto provisional que durará hasta que Cristo venga la segunda vez para establecer su reino.

   3. Los que enseñan esta teoría se llaman milenarios, premilenaristas (el prefijo "pre" indica que Cristo volverá a la Tierra antes del período de mil años) y dispensacionalistas.

I. Daniel 9:24 – "Setenta semanas están determinadas sobre tu pueblo y sobre tu santa ciudad, para terminar la prevaricación, y poner fin al pecado, y expiar la iniquidad, para traer la justicia

perdurable, y sellar la visión y la profecía, y ungir al Santo de los santos"

A. Este hermoso texto apunta hacia el cumplimiento del plan de Dios para la redención del hombre.

B. Este versículo nombra seis cosas importantes:

1. **"para terminar la prevaricación"** ("para poner fin a la transgresión", LBLA).

   La frase "terminar transgresión" indica simbólicamente perdonar pecados, pues el contexto tiene que ver con el acto de sellar, cubrir, o sencillamente perdonar el pecado (Is. 53:5-12).

2. **"poner fin al pecado".** ("para terminar con el pecado", LBLA).

   Con la muerte de Cristo en la cruz, el efecto del pecado es deshecho. Por su gracia Dios conquista al pecado y por su fe el pecador lo vence (cf. Rom. 3:21-30; 2 Cor. 5:17; Heb. 2:14-18; 7:27; 9:11-22,28; 10:12; 1 Jn. 3:8; Apoc. 2:7, 11,17,26; 3:5,12,21).

3. **"expiar la iniquidad".**

   a. Cristo es la propiciación, o la causa por qué Dios puede mostrar misericordia (Jn. 3:16) al hombre pecador (cf. Rom. 3:21-26; 5:11; Col. 1:20,22; Heb. 7:27; 9:25-28; 10:12,14,18; 1 Jn. 2:2).

   b. Hebreos 9:5 habla del "propiciatorio", la cubierta del arca, tipo de Cristo en que él es quien cubre nuestros pecados (Rom. 4:6-8). Cristo nos reconcilia con Dios (2 Cor. 5:18-21).

   c. Las tres frases, "terminar la prevaricación, poner fin al pecado, y expiar la iniquidad", constituyen un juego triple de bendiciones de aspecto negativo.

4. **"traer la justicia perdurable".**

   a. La obra de Cristo introdujo la justicia, la que Dios imputa al pecador al perdonarle, y la que el redimido practica de día en día (cf. Rom. 1:16,17; 3:21,22; 4:3,6-8; 8:33; 14:17; 1 Cor. 1:30; 2 Cor. 5:21; Efes. 2:10; Jer. 23:5,6).

    b. Cuando Dios perdona al pecador, el pecador llega a ser hombre justo porque ya no tiene pecado (1 Jn. 3:7).

    c. Esta justicia es perdurable, pues tiene resultados eternos. Concierne al Israel espiritual, y no al físico (Gal. 6:16).

5. **"sellar la visión y la profecía".**

    a. Al llevar a cabo Dios su plan de redención, por medio de la muerte de Cristo en la cruz, la profecía referente a ello quedó cumplida, confirmada, y acabada; por eso quedó sellada (cf. Mat. 11:13; Luc. 24:44; Hech. 3:22-26; 1 Ped. 1:10,11; Apoc. 10:7).

    b. Las sectas, que hoy en día reclaman recibir profecías, ignoran esta gran verdad y mienten a la gente. No hay profetas ni profetisas hoy en día. No hay necesidad de ellos.

6. **"ungir al Santo de los santos"**

    a. La referencia es a Cristo, como el Santo de los santos (cf. Hech. 10:38; Luc. 4:18; Is. 61:1). Su persona cabe bien en el contexto concerniente a la obra del evangelio según los planes eternos de Dios (Heb. 1:8,9).

    b. Si la referencia es a un lugar llamado (el) santo de santísimos, entonces esta parte de la visión dada a Daniel apunta a la obra de Cristo en el establecimiento de su iglesia (Heb. 10:19-26).

    c. Las tres frases, "para traer la justicia perdurable, sellar la visión y la profecía, y ungir al Santo de los santos", constituyen un juego triple de bendiciones de aspecto positivo.

C. Es obvio que estas seis cosas ya se cumplieron cuando Cristo vino la primera vez. Cuando Cristo vuelva la segunda vez será "sin relación con el pecado" (Heb. 9:28).

II. Daniel 9:2527 "Has de saber y entender que desde la salida de la orden para restaurar y reconstruir a Jerusalén hasta el Mesías Príncipe habrá siete semanas y sesenta y dos semanas; volverá a ser edificada, con plaza y foso, pero en tiempos de angustia…"

A. "Setenta semanas" es un número simbólico. Significa literalmente siete unidades de siete.

B. Los milenarios tuercen esta profecía, diciendo que, cumplidas las 7 semanas y después de las 62 semanas, Dios detuvo su reloj para un paréntesis.

   1. Que esto ocurrió en la entrada triunfal de Jesús en la ciudad de Jerusalén.

   2. Que el reloj comienza a andar otra vez cuando ocurra el "rapto".

C. Creen que la última semana será de siete años literales.

   1. Un receso de 2.000 años que interrumpen el cumplimiento de la profecía.

   2. Un período cuatro veces más largo que todo el tiempo cubierto en la profecía.

D. En su doctrina del reloj detenido, dicen que Dios marcará tiempo otra vez cuando empiece a tratar directamente con los judíos en su propia tierra (durante el milenio).

Pero, los judíos todavía estuvieron en su propia tierra durante 40 años (hasta el año 70) ¡después de que Dios había detenido su reloj!

E. Toda la teoría de los milenarios o dispensacionalistas es pura especulación sin base bíblica.

Han inventado su propio sistema de interpretar la Biblia y por eso pueden "ver" su doctrina en casi todo libro de la Biblia.

Conclusión y Aplicaciones

A. Es apropiado considerar las 70 semanas como descriptivas de un período completo de tiempo que culminaría con el fin de la economía judía.

   1. No hay lugar para "La teoría paréntesis" ofrecida por los premilenaristas. Además, uno tiene que usar una imaginación fuerte, y estar buscando una prueba oscura para usar este texto para enseñar una "Tribulación de Siete Años" que se relaciona con un "Rapto" y un "Reino Milenario de Cristo".

B. El principio de las setenta semanas ocurrió con el decreto hecho por Ciro de reedificar a Jerusalén (Esd. 1:14; Is. 44:2628; 45:13).

   1. Las 62 semanas terminaron con la venida de Cristo.

    2. Estas 69 semanas se dividen en dos grupos (7 semanas y 62 semanas).

C. Los primeros dos grupos de semanas (7+62=69) nos traen a Cristo, el Mesías quien comenzó su ministerio enseguida de su bautismo y tentación por el diablo (Mat. 3,4). Las 69 semanas se cumplen en esta fecha y con este evento.

D. Durante la semana 70 el Cristo había de ser rechazado y crucificado. El príncipe enviaría un pueblo para destruir la ciudad y el santuario con inundación (cf. Is. 8:58).

    1. Una referencia al ejército romano bajo Tito como el agente de Cristo quien destruyó a Jerusalén y el templo.

    2. Esta sería la guerra de "devastaciones" (Mat. 24:15; Luc. 21:20,22).

E. El pacto se confirma con muchos (Hech. 10:34; Rom. 9:30) cuando los gentiles también son traídos a la fe.

    1. Aunque la ley llegó a su fin con la cruz (Col. 2:1417), hubo un período de inspiración directa de los apóstoles y profetas del Nuevo Testamento durante el cual el nuevo pacto se revelaba y se confirmaba (Jn. 16:13; Mar. 16:20; Heb. 2:3,4).

    2. A la mitad de la semana cesan el sacrificio y la ofrenda, que ya no eran necesarios después de la muerte de Cristo (Heb. 9:11-17). Sin embargo, el ofrecimiento de sacrificios de animales no cesó realmente sino hasta la destrucción del templo en el año 70 d. de J. C., en el tiempo de la abominación desoladora (Mat. 24:15; Luc. 21:2022). Así que las setenta semanas comienzan con la orden de reconstruir Jerusalén y terminan con la completa destrucción de Jerusalén y la confirmación del nuevo pacto.

La Visión del Tiempo del Fin (I)
Una Mirada a la Esfera de lo Espiritual
Daniel 10:1-11:1

Introducción
A. El libro de Daniel se divide naturalmente en dos partes:
  A. Desde el punto de vista de Dios:
   1. La providencia de Dios en la historia (caps. 1-6).
   2. El propósito de Dios en la historia (caps. 7-12).
  B. Desde el punto de vista de Daniel:
   1. Daniel y sus reyes (caps. 1-6).
   2. Daniel y sus visiones (caps. 7-12).
B. La segunda parte del libro contiene cuatro visiones
   1. Las cuatro bestias (cap. 7).
   2. El carnero y el macho cabrío (cap. 8).
   3. Las setenta semanas (cap. 9).
   4. Visión del fin, o de los últimos días (caps. 10-12).
C. En el capítulo décimo, por lo tanto, nos encontramos con el comienzo de la visión de los últimos días registrada por Daniel.
   1. Una visión que indica lo que afectaría al pueblo de Daniel, "Y he venido para darte a conocer lo que sucederá a tu pueblo al final de los días, porque la visión es para días aún lejanos" (Dan 10:14).
   2. Sus palabras fueron cerradas y selladas, "hasta el tiempo del fin" (12:9).
D. Sin embargo, lo que se entiende con la expresión "Visión de los últimos días" o "Visión del tiempo del fin".
   1. ¿Es una referencia al fin del mundo tal como lo pensamos, cuando Cristo regrese?
   2. ¿O se refiere al final de la relación de Dios con Israel como su nación del pacto?

I. La aparición del hombre glorioso

A. Fecha y circunstancias (Dan. 10:1,4; 535 A.C.).
  1. Daniel había estado afligido durante tres semanas (10:2,3)
  2. Junto al río Tigris (10:4).
B. Descripción del hombre glorioso (Dan. 10:5-9).
  1. Su apariencia (v.5,6)
  2. Su impacto (v.7).
  3. La reacción de Daniel (v.8,9)

II. La revelación que trajo el hombre glorioso

A. Una mano anima a Daniel (Dan. 10:10).
B. El hombre glorioso
  1. Se dirige a Daniel (v.11).
  2. Consuela a Daniel (v.12).
  3. Explica a Daniel la razón de la demora (v.13).
      "El "príncipe del reino de Persia" no es hombre, pues ningún hombre puede oponerse a un ángel; él es un poder diabólico, un ángel malo. En el Nuevo Testamento se llaman demonios. Este pasaje señala un ministerio que tienen los ángeles en los gobiernos humanos... Detrás de la oposición de personas y de naciones a la verdad han estado obrando demonios... Puede haber ángel malo, o demonio, detrás de cada nación para influir en ella para mal... El hecho de que ángeles, buenos y malos, han participado en la subida y la caída de naciones es una verdad que nos ha sido revelada. Los detalles de estas operaciones angélicas no nos conciernen y por eso no nos han sido revelados (Deut. 29:29). El ángel había sido enviado a Daniel desde el principio de las oraciones de Daniel, pero había sido estorbado por un plazo de veintiún días" (Daniel, Bill H. Reeves).*
      a. Hubo oposición severa (cf. 10:20).
      b. Recibió ayuda de Miguel, el campeón del pueblo de Dios (cf. 10:21; 12:1).
  4. Explica la razón de su venida (v.14).
C. Daniel es fortalecido (Dan. 10:15-19).

D. El hombre glorioso retoma sus palabras.
   1. Debe volver para pelear (v.20).
      a. Está siendo ayudado por Miguel (v.21)
      b. El mismo animó y fortaleció a Miguel (11:1).
   2. Pero, antes dirá a Daniel lo que está escrito en el libro de la verdad (v.21).

Conclusión

A. En este punto (Dan 11:2 y sig.), "La visión el tiempo del fin" comienza a desplegarse describiendo lo que sucederá al pueblo de Daniel "en los últimos días"

B. En este pasaje de introducción a la visión, nos encontramos con una revelación de la guerra espiritual que estaba pasando "tras bastidores"
   1. Fuerzas angelicales oponiéndose unos a otros (v.13,20)
   2. Fuerzas angelicales ayudándose unos a otros (10:13,21; 11:1).
   3. Presentando a Miguel como:
      a. "*uno de los principales príncipes*" (Dan. 10:13).
      b. "*vuestro príncipe*" (Dan 10:21).
      c. "*el gran príncipe que está de parte de los hijos de tu pueblo*"(Dan 12:1).

C. Si bien es poco lo que realmente sabemos acerca de esta guerra espiritual, y en qué medida puede estar sucediendo hoy en día, debemos tomar más en serio las palabras de Pablo en Efesios 6:12,13

D. ¿Usamos toda la armadura de Dios para estar fortalecidos en el poder de la fuerza de Dios (Ef. 6:10-18)?

La Visión del
Tiempo del Fin (II)
Daniel 11:2-35

Introducción

A. En el capítulo décimo nos encontramos con el comienzo de la visión de los últimos días registrada por Daniel.

1. Una visión que indica lo que afectaría al pueblo de Daniel, *"Y he venido para darte a conocer lo que sucederá a tu pueblo al final de los días, porque la visión es para días aún lejanos"* (Dan 10:14).

2. Sus palabras fueron cerradas y selladas, "hasta el tiempo del fin" (12:9).

B. Fecha y circunstancias en que fue dada la revelación (Dan. 10:1,4; 535 A.C.).

1. Daniel había estado afligido durante tres semanas (10:2,3)

2. Junto al río Tigris (10:4).

C. En este punto (Dan 11:2 y sig.), "La visión el tiempo del fin" comienza a desplegarse describiendo lo que sucederá al pueblo de Daniel "en los últimos días".

D. Este capítulo proporciona numerosos detalles acerca de lo que sucedería al pueblo de Dios. De hecho, si alguien reuniera todas las fechas necesarias, todos los nombres históricos necesarios y todos los mapas necesarios, y examinara cada versículo de este capítulo, se maravillaría de la precisión de Dios. Comprobando cada uno de los datos que se dan aquí, quedamos impresionados por los detalles históricos que Dios reveló por Daniel.

E. En la introducción a la visión, nos encontramos con una revelación de la guerra espiritual que estaba pasando "tras bastidores"

1. Fuerzas angelicales oponiéndose unos a otros (v.13,20)

2. Fuerzas angelicales ayudándose unos a otros (10:13,21; 11:1).

I. El conflicto persa-griego (Dan. 11:2-4)

A. *"He aquí que aún habrá tres reyes en Persia, y el cuarto se hará de grandes riquezas más que todos ellos; y al hacerse fuerte con sus riquezas, levantará a todos contra el reino de Grecia"* (v.2).

Según lo confirmado por la historia, estos reyes que siguieron Ciro (Dan 10:1) fueron los siguientes:

1. Cambises.
2. Gaumata.
3. Darío Histaspes (Darío el Grande)
4. Jerjes (Asuero; Est. 1:1)

B. *"Se levantará luego un rey valiente, el cual dominará con gran poder y hará su voluntad"* (v.3). Este fue Alejandro Magno

C. "Pero cuando se haya levantado, su reino será quebrantado y repartido hacia los cuatro vientos del cielo; no a sus descendientes, ni según el dominio con que él dominó; porque su reino será arrancado, y será para otros fuera de ellos" (v.4; cf. Dan. 8:21,22)

Según lo confirmado por la historia, el imperio de Alejandro fue finalmente dividido entre sus cuatro generales después de su muerte en el año 323 A.C.

  A. Seleuco I – que comenzó el imperio seléucida (Siria), desde Turquía hasta la India.
  B. Casandro – quien se hizo cargo de Macedonia (Grecia).
  C. Lisímaco – que tomó para sí Tracia (entre Grecia y Turquía).
  D. Ptolomeo I – que gobernó Egipto.

II. El conflicto sirio-egipcio (Dan. 11:5-19)

En este punto, el "hombre glorioso" comienza a describir un prolongado conflicto entre "los reyes del norte" y "los reyes del sur" que tendría un gran impacto sobre el pueblo de Daniel (Israel).

A. El conflicto comienza (v.5).
B. Una alianza falla (v.6).
C. La invasión del reino del sur (v.7-9).
D. Un conflicto que se empeora (v.10-19).

III. El ascenso de Antíoco IV Epífanes (Dan. 11:20-35)
A. Precedido por un cobrador de tributos (v.20).
B. El ascenso de un vil hombre sin escrúpulos (v.21-28).
C. Antíoco Epífanes, se desquitaría con Israel (v.29-32).
D. Antíoco Epífanes sería resistido por los que conocen a Dios (v.32-35).

Conclusión
A. Hasta este punto, hay poca controversia sobre el contenido de la visión.
   1. En él se describe el conflicto entre los persas y los griegos, seguido por el conflicto entre los sirios y los egipcios
   2. Este último conflicto se describe en detalle, porque Israel quedó en medio.
   3. Israel en particular sufriría por la persecución y blasfemias de un rey sirio, Antíoco Epífanes.
B. Desde Daniel 11:36 en adelante, hay una gran diversidad de opiniones
   1. Algunos creen que se continúa señalando a Antíoco Epífanes.
   2. Otros sugieren que se está describiendo a un emperador romano.
   3. Sin embargo, otros creen que se hace referencia a alguien aún por venir.
C. Se le ha revelado a Daniel la historia del pueblo de Dios desde el edicto de Ciro, que permite a los judíos volver del cautiverio de setenta años en Babilonia a su tierra en Palestina, hasta el fin de la ira, o indignación, impuesta por Antíoco IV Epífanes.
   1. El mensaje es que en todos los cambios nacionales y sucesos aparentemente dirigidos por los hombres mundanos, Dios todo lo controla y está trayendo a su fin determinado el plan que tiene para su pueblo.
   2. Los fieles pasan por muchas pruebas de fe (cf. 2 Tim. 3:12), pero Dios siempre es su Redentor.
   3. Le toca al hombre andar por fe (Hab. 2:4; Rom. 1:17; Heb. 11:6).

La Visión del
Tiempo del Fin (III)
Daniel 11:36-12:13

Introducción

A. Hemos estado estudiando la visión final del libro de Daniel. La cual es conocida como la visión del tiempo del fin.

   1. Una visión que indica lo que afectaría al pueblo de Daniel, *"Y he venido para darte a conocer lo que sucederá a tu pueblo al final de los días, porque la visión es para días aún lejanos"* (Dn 10:14).

   2. Sus palabras fueron cerradas y selladas, *"hasta el tiempo del fin"* (12:9).

B. Fecha y circunstancias en que fue dada la revelación (Dn. 10:1,4; 535 A.C.).

   1. Daniel había estado afligido durante tres semanas (10:2,3)

   2. Junto al río Tigris (10:4).

C. En este punto (Dn 11:2 y sig.), "La visión el tiempo del fin" comienza a desplegarse describiendo lo que sucederá al pueblo de Daniel "en los últimos días".

D. En la introducción a la visión, nos encontramos con una revelación de la guerra espiritual que estaba pasando "tras bastidores"

   1. Fuerzas angelicales oponiéndose unos a otros (v.13,20)

   2. Fuerzas angelicales ayudándose unos a otros (10:13,21; 11:1).

E. A medida que se desarrolla la visión, una serie de conflictos son descritos (y en los cuales Israel quedaría atrapado en medio, sufriendo principalmente en manos de un rey sirio llamado Antíoco Epífanes):

   1. Entre persas y griegos (11:2-4).

   2. Entre reyes del sur (Egipto) y reyes del norte (Siria) (cf. Dn. 11:5-35).

F. A partir de Daniel 11:36, hay interpretaciones diferentes:
1. En cuanto a la identidad del rey descrito (11:36-45)
2. El tiempo en que estos eventos se cumplirían (11:36 – 12:13).

I. La identidad del rey y su tiempo

A. Tres posibles sujetos.
1. El Anticristo (Premilenarismo).
2. Antíoco Epífanes de Siria.
3. Emperadores romanos.
B. Nuestra convicción: El poderío romano es identificado (lo que está de acuerdo con el libro de Daniel, que incluía cuatro imperios en el ámbito de aplicación de su profecía; cf. cap. 2 y 7):
1. Las naves de Quitim (Roma) ya fueron descritas viniendo contra Antíoco Epífanes (11:30).
2. La soberbia exaltación sobre todo dios, y su blasfemia contra el Dios de los dioses, sin duda identifican el culto a los emperadores romanos y la persecución de los cristianos (11:36; cf. Ap. 13:5-7).
3. *"y prosperará, hasta que sea consumada la ira; porque lo determinado se cumplirá"* (11:36) concuerda con *"Y cuando se acabe la dispersión del poder del pueblo santo, todas estas cosas serán cumplidas"* (12:7; cf. Ap. 12:14).
4. *"Y se apoderará de los tesoros de oro y plata, y de todas las cosas preciosas de Egipto; y los de Libia y de Etiopía le seguirán"* (11:43), describe perfectamente a los romanos.

II. Tribulación y terminación (Dan. 12:1-7).

A. Durante la dominación romana habría gran tribulación, *"En aquel tiempo se levantará Miguel, el gran príncipe que está de parte de los hijos de tu pueblo; y será tiempo de angustia, cual nunca fue desde que hubo gente hasta entonces; pero en aquel tiempo será libertado tu pueblo, todos los que se hallen escritos en el libro"* (v.1)
1. Jesucristo corrobora esta profecía cuando señaló la destrucción de Jerusalén en Mat. 24:21-22; Marcos 13:19-20.
2. Los discípulos fueron salvos de la tragedia porque Jesús les advirtió de las señales de la destrucción inminente.

3. Jesucristo ligó la destrucción de Jerusalén con la profecía de Daniel (Mat. 24:15; Luc. 21:20-22.).
B. Una resurrección espiritual (v.2,3)
1. Dice "muchos", no "todos" (cf. Jn. 5:28,29; Hch. 24:15).
2. Los "muchos" son contrastados con los malos (cf. 12:10)
3. La resurrección espiritual de todos los que aceptaron a Cristo (Jn. 5:25).
4. No todos los resucitados se mantuvieron fieles (cf. Mt. 24:10-13).
C. La profecía de este libro sería sellada hasta el tiempo del fin (v.4-6).
1. Ocho veces se ha señalado esto (cf. 11:27,35,40; 12:4,6,8,9,13)
2. Una referencia al final de la relación de Dios con Israel, y de Roma como cabeza de los reinos del mundo pagano.
D. El pueblo de Dios no sería destruído (v.7).
1. "tiempo, tiempos, medio tiempo" (cf. Dn. 7:25; Ap. 11:4; 12:6; 11:2; 13:5)
2. A Roma le fue concedido poder para perseguir al pueblo de Dios (Ap. 13:7), pero Roma cayó como imperio mundial, y el reino de Dios continuó.
3. El pueblo de Dios puede ser esparcido y perseguido, pero no "destruido".

III. Triunfo (Dan. 12:8-13)
A. Daniel no comprendió lo revelado, y fue exhortado a enfocarse en que estas palabras están "cerradas y selladas hasta el tiempo del fin" (v.8,9).
1. Este tiempo llegó cuando se hizo sonar la séptima trompeta (Ap. 10:7).
2. Los reinos paganos no alcanzarían una estabilidad duradera. Sólo el reino de Dios es indestructible (Dn. 2:44; 7:13,25-27; Heb. 12:28).
B. Los malvados seguirán en su maldad, pero los justos serán capaces de perseverar debido a su fe en que Dios gobierna sobre los reinos de los hombres (v.10; cf. Ap. 13:9,10,18; 14:12,13).
C. "mil doscientos noventa días" (v.11).

1. El continuo sacrificio fue quitado por Antíoco Epífanes (Dn. 11:31; 8:11).
2. La segunda abominación Jesucristo la identificó con la destrucción del templo y Jerusalén en el año 70 D.C. (cf. Mt. 24:15; Lc. 21:20-22; Dn. 9:26,27).
3. ¿Por qué el tiempo entre estos dos eventos es señalado como 1290 días?
   a. En el estilo apocalíptico el valor numérico es simbólico, no literal.
   b. Una referencia a un tiempo conocido y controlado sólo por Dios.
D. "Bienaventurado el que espere, y llegue a mil trescientos treinta y cinco días" (v.12).
   1. La destrucción de Jerusalén ocurrió en el año 70 D.C., y si bien esto marcó un tiempo significante en la historia del pueblo de Dios, un momento aún mayor ocurrió 45-días-proféticos después, cuando el reino de Dios fue expuesto como indestructible sobre la Roma pagana.
   2. Roma trató de aplastar a la iglesia, pero Roma cayó.
   3. Imperios mundiales han llegado a su fin, sólo el reino de Cristo es universal en naturaleza (Dn. 2:44,45).
   4. La batalla de Armagedón, seguida por el reino de mil años, es un tiempo de gran alegría para el pueblo de Dios (Ap. 20:6; Dn. 7:18,22,27).
E. Estas cosas sucederían en el futuro, pero Daniel quedaría confirmado en la historia bíblica como un verdadero profeta (v.13).

Made in the USA
Columbia, SC
29 July 2024

39119662R00031